RÉPONSE

DE

LOUIS-NAPOLÉON BONAPARTE

A M. LAMARTINE.

LETTRE DE LOUIS-NAPOLÉON BONAPARTE

AU JOURNAL LE LOIRET ET AUX OUVRIERS.

DES GOUVERNEMENTS ET DE LEURS SOUTIENS.

PUBLIÉS PAR CH.-ED. TEMBLAIRE.

QUATRIÈME ÉDITION.

VINGT-CINQ CENTIMES.

PARIS

LIBRAIRIE NAPOLÉONIENNE

RUE NEUVE-DES-PETITS-CHAMPS, N. 36.

1848

RÉPONSE

DE

LOUIS-NAPOLÉON BONAPARTE

A M. LAMARTINE.

M. Chapuys-Montlaville se proposant de publier un *Plutarque français à l'usage du peuple*, avait fait part à M. de Lamartine de ce projet. A cette occasion, l'illustre représentant écrivit une lettre dans laquelle se trouve un passage où le Consulat et l'Empire sont si maltraités, que Louis-Napoléon crut de son devoir d'y répondre par la lettre suivante, adressée également à M. Chapuys-Montlaville

« Fort de Ham, le 23 août 1843.

« *A monsieur Chapuys-Montlaville, député.*

« MONSIEUR,

« Je viens de lire la lettre que M. de Lamartine vous a adressée, et dans laquelle il expose ses idées sur le caractère que doivent avoir les publications populaires. Cette lettre contient une appréciation si peu juste du Consulat et de l'Empire, que je crois de mon devoir d'y répondre, persuadé que, dans votre impartialité, vous voudrez bien accueillir mes réflexions sur cette grande époque.

« L'influence que l'empereur Napoléon exerça sur la civilisation est jugée de la manière suivante par M. de Lamartine :

« Cet homme survient ; il arrête le mouvement révolutionnaire précisé-
« ment au point où il cessait d'être *convulsif* pour devenir *créateur*. Il se fait
« lui-même réaction contre une liberté qui commençait déjà *à réagir par*
« *elle-même*. Il s'arme de tous les *repentirs*, de tous les *ressentiments*, de
« toutes les *apostasies* qu'une révolution sème toujours sur sa route. Il écrase
« *la liberté naissante* avec *les débris* mêmes de tout ce qu'elle a renversé
« pour éclore ; il refait un *ancien régime* avec les choses et les noms d'hier ;
« il fait *rétrograder* la presse jusqu'à la censure, la tribune jusqu'au silence,
« l'*égalité* jusqu'à une noblesse de plébéiens, la liberté jusqu'aux *prisons*
« *d'État*, la *philosophie* et l'*indépendance des cultes* jusqu'à un *concordat*,
« jusqu'à une *religion d'État*, instrument de règne, jusqu'à un sacre, jus-
« qu'à l'oppression et la captivité d'un pontife. *Il étouffe partout en Europe*
« *l'amour et le rayonnement pacifique des idées françaises*, pour n'y faire
« briller que les *armes odieuses* de la violence et de la conquête. Quel est
« le résultat final de ce drame à un seul acteur ?.... Un nom de plus dans
« l'histoire ; mais l'*Europe deux fois à Paris* ; mais les limites de la France
« resserrées par l'inquiétude ombrageuse de tout l'Occident désaffectionné ;
« mais l'*Angleterre réalisant sans rivale la monarchie universelle des mers*,
« et en France même, la *raison*, la *liberté*, et les *masses retardées* indéfini-
« ment par cet épisode de gloire, et ayant peut-être à marcher *plus d'un*
« *siècle* pour regagner le terrain perdu en un seul jour, voilà le 18 bru-
« maire. »

« En lisant ce passage, où les faits les plus patents de l'histoire contemporaine sont ouvertement dénaturés, on a peine à croire que ces lignes soient sorties de la plume de l'illustre député de Mâcon, surtout quand on l'entend déclarer solennellement, dans la même lettre, que : « C'est devant la vérité seule qu'il faut se placer en écrivant l'histoire à l'usage du peuple. »

« Examinons si M. de Lamartine est resté fidèle à cette maxime.

« Je ne défends pas le *principe* de la révolution du 18 brumaire ni la manière brutale dont elle s'est opérée. Une insurrection contre un pouvoir établi peut être une nécessité, jamais un exemple qu'on puisse convertir en principe. Le 18 brumaire fut une violation flagrante de la constitution de l'an III ; mais il faut convenir aussi que cette constitution avait déjà été trois fois audacieusement enfreinte : au 18 fructidor, lorsque le gouvernement attenta à l'indépendance du corps législatif, en condamnant ses membres à la déportation sans jugement ; au 30 prairial, quand le corps législatif attenta à l'indépendance du gouvernement ; enfin, au 22 floréal, quand par un décret sacrilége, le gouvernement et le corps législatif attentèrent à la souveraineté du peuple, en cassant les élections faites par lui.

« La question importante à résoudre est de savoir si le 18 brumaire sauva ou non la République, et, pour éclaircir ce fait, il suffit de considérer quel était l'état du pays avant cet événement, et ce qu'il fut après.

« M. de Lamartine est le premier écrivain qui ait osé dire que, sous le Directoire, le mouvement révolutionnaire cessait d'être convulsif pour devenir *créateur*. Il est, au contraire, de notoriété publique, que le Directoire n'avait conservé de la Convention que les haines, sans en recueillir ni les vérités ni l'énergie. La France périssait par la corruption et le désordre. La société avait à sa tête les fournisseurs et les faiseurs d'affaires, hommes sans conscience ni patriotisme. Les généraux d'armée, tels que Championnet à Naples et Brune en Italie, se sentant plus forts que le pouvoir civil, ne lui obéissaient plus et emprisonnaient ses mandataires. D'autres s'entendaient avec les chefs des chouans et trahissaient la République. Le crédit était anéanti, le trésor était vide, la rente était tombée à 11 francs, les ressources du pays étaient gaspillées par une administration vénale; le brigandage le plus affreux infestait la France; l'Ouest était toujours en insurrection; l'Italie avait été perdue, et, malgré la victoire de Zurich, l'ancien régime, fort de nos défaites, de nos dissensions intestines, de la faiblesse du gouvernement, s'avançait menaçant à la tête de la coalition étrangère. La liberté, au lieu de commencer *à réagir par elle-même*, comme le dit M. de Lamartine, était un mot vide de sens; car les seules lois en vigueur étaient les lois d'*exclusion* ou de *proscription*. Il y avait *cent quarante-cinq mille Français* en exil. Les anciens conventionnels étaient exclus de tous les emplois. L'écrivain dont les paroles tendaient à attaquer la forme existante du gouvernement était *passible de la peine de mort*. La loi des ôtages, qui détruisait la sécurité de *deux cent mille familles*, était maintenue dans toute sa rigueur. Des entraves sans nombre arrêtaient la liberté des cultes. Les persécutions des théophilantropes avaient soulevé la Belgique; les prêtres réfractaires ou assermentés gémissaient également en prison ou en exil. La loi de l'emprunt forcé produisait les plus funestes effets sur les propriétés; les domaines nationaux avaient cessé de se vendre, et les ressources du revenu public étaient taries. Tel était l'esprit, telle était la liberté qui régnait à cette époque malheureuse. Le général Bonaparte débarque à Fréjus et « la France, » dit M. de Cormenin, homme positif et national, « la France, effrayée du dehors, inquiète du dedans, court « au-devant d'un homme, les mains pleines du pouvoir, et lui dit *Sauvez-« moi!* » (Discours sur la centralisation). Les populations violent les lois de quarantaine pour l'amener plus vite à terre, s'écriant: « Nous aimons mieux la « peste que l'invasion! » et le premier consul, à peine au pouvoir, rétablit l'ordre dans le monde moral comme dans le monde physique, apaise les dissensions, réunit tous les républicains contre l'ennemi commun, l'ancien régime; crée la régularité dans les finances, dans la justice, dans l'administration, et fait plier sous son commandement l'armée qui murmurait. Il jette les fondements de l'égalité en rétablissant le Code civil, « monument législa-« tif, » dit encore M. de Cormenin, « le plus durable des temps modernes « par la solidité de ses matériaux, le plus magnifique par la simplicité de ses « divisions, le plus unitaire par la fusion de tous les systèmes du droit cou-« tumier et du droit écrit. » Par son organisation centrale, il assure l'unité et la nationalité française; par le concordat, il réconcilie le clergé, rétablit la religion, proclame la liberté des cultes, et affermit un des principaux résultats de la révolution, en faisant sanctionner par le pape l'aliénation des biens ecclésiastiques. Le premier consul ferme toutes les plaies de la patrie, ouvre les prisons où gémissaient neuf mille prévenus politiques; il fait revenir les proscrits, parmi lesquels se trouvaient les membres de l'Assemblée constituante; il rappelle Lafayette, Latour-Maubourg, Bureau de Puzy, et les hommes condamnés à la déportation, tels que Carnot, Portalis, Siméon, Barbé-Marbois; il remet en vigueur tous les souvenirs de gloire; il soulage l'infortune de la dernière des Duguesclin, comme l'infortune de la veuve de Bailly, président de la célèbre séance du Jeu-de-Paume, comme l'infortune de la sœur de Robespierre. Il pacifie la Vendée, apaise les troubles de Toulouse, les mécontentements du Midi, l'insurrection de la Belgique. N'ayant plus besoin, comme le Directoire, de soldats pour maintenir la tranquillité dans Paris, il les lance à la frontière, reconquiert l'Italie, obtient la paix et oblige tous les souverains de l'Europe à reconnaître la République française et son glorieux représentant. Telles furent les conséquences du 18 brumaire ; voilà ce que M. de Lamartine appelle « s'armer de tous les repentirs, de tous « les ressentiments, de toutes les apostasies ! » Le Consulat a sauvé la République et l'avenir de la révolution d'une ruine complète; et ce fait, tous les républicains consciencieux, tels que Carnot, Thibaudeau, Cormenin, Carrel, l'ont reconnu : dire le contraire, c'est nier l'évidence. L'empire a froissé quelques-unes des idées nouvelles, méconnu quelques vérités ; mais le Consulat est resté, pour tous les vrais patriotes, l'emblème le plus pur de la révolution, une des plus belles pages de notre histoire. Si aujourd'hui il existe encore une opinion sincère et nationale, qui a pris pour mission de rappeler les formes républicaines, c'est qu'il y a encore un grand nombre d'esprits élevés qui regrettent ce gouvernement créateur et organisateur, composé de deux chambres électives, d'un conseil d'Etat et d'un chef responsable avec deux millions de liste civile. Ils regrettent cette administration intègre, économe, qui, avec un budget de sept cents millions, répandait partout la prospérité ; enfin ils regrettent cette politique puissante et fière, qui nous avait rendus la première nation du monde.

« Autre grief : « Napoléon étouffe partout en Europe l'amour et le rayon- « nement pacifique des idées françaises. » Or, lorsque le général Bonaparte prit le timon des affaires, la République était en guerre avec toute l'Europe ; les peuples étrangers sans exception étaient tous exaspérés contre la France, les magnifiques vérités proclamées par nos assemblées nationales avaient été obscurcies par tant de passions, qu'elles étaient méconnues ! Où donc existait le *rayonnement pacifique* dont parle M. de Lamartine? Ce fut Napoléon, au contraire, qui, arrêtant les passions, fit triompher partout en Europe les vérités de la révolution française. Ce fut lui qui implanta en Pologne, en Italie, en Allemagne, en Espagne, en Suisse, les idées et les lois civilisatrices de la France. Qui ne sait qu'en Allemagne il fit disparaître d'un trait de plume *deux cent cinquante-trois* petits États féodaux ; que de la Vistule au Rhin il détruisit le servage, les abus de la féodalité, y introduisit le Code civil français, la publicité des jugements par jury en matière criminelle, déracina les haines de religion, et y établit la liberté des cultes? Qui ne sait qu'en Pologne, en Italie, il créa des germes puissants de nationalité, éleva des tribunes nationales, et répandit tous les bienfaits d'un gouvernement éclairé? Que ne sait qu'en Suisse il pacifia les cantons et leur donna un pacte fédéral qui est encore aujourd'hui l'objet de leurs regrets? Enfin, qui ne sait qu'en Espagne même il détruisit l'inquisition, la féodalité, et fit tous ses efforts pour y établir une constitution plus libérale et un gouvernement plus éclairé que tous ceux que nous y avons vus depuis vingt-huit ans? Naguère encore, Coblentz en illuminant ses murs, parce que la Prusse n'avait pas pu lui enlever ses lois françaises, rendait un bel hommage à la mémoire de l'Empereur.

« Le résultat de l'Empire, » dit l'illustre écrivain que je réfute avec douleur, « c'est l'Europe deux fois à Paris, c'est l'Angleterre réalisant sans ri- « vale la monarchie universelle des mers, c'est en France la raison, la liberté « et les masses retardées indéfiniment par cette période de gloire. » Cela est vrai dans ce sens que ces résultats désastreux sont venus non du triomphe, mais de *la chute* de l'Empereur. Pleurez donc avec nous, avec la France, avec les peuples, les revers de nos armes; car si elles eussent toujours été victorieuses jusqu'à la fin, l'Angleterre était abaissée, l'oligarchie européenne vaincue, les nationalités des peuples voisins ressuscitées, la liberté enfin implantée en Europe !

« Je ne défends pas systématiquement toutes les institutions de l'Empire, ni toutes les actions de l'Empereur, je les explique. Je regrette la création d'une noblesse qui, dès le lendemain de la chute de son chef, a oublié son origine plébéienne pour faire cause commune avec les oppresseurs ; je regrette certains actes de violence inutiles au maintien d'un pouvoir fondé sur la volonté du peuple ; mais ce que je prétends, c'est que de tous les gouvernements qui précédèrent ou qui suivirent le Consulat et l'Empire, aucun ne fit, même pendant la paix, pour la prospérité de la France, la millième partie de ce que créa l'Empereur pendant la guerre.

« Ouvrez le magnifique ouvrage de M. de Cormenin sur la centralisation, et vous y lirez ce passage remarquable : « La division départementale de la « France, la codification législative, la comptabilité financière, l'administra- « tion intérieure, l'armée disciplinée, la police organisée et l'unité nationale. « font l'envie et l'admiration de l'Europe ! » Eh bien ! excepté la division du territoire par départements, toutes ces fondations sont des créations de l'Empereur.

« Que M. de Lamartine veuille bien se rappeler les lois organiques de l'Empire, et il verra que, malgré leurs défauts, le sénat avec ses membres élus, le corps législatif avec ses membres rétribués, les colléges électoraux et les assemblées de canton, avaient une base plus démocratique que les chambres d'aujourd'hui. Qu'il étudie l'organisation du conseil d'État impérial composé de toutes les spécialités les plus renommées, et qu'il dise s'il croit avec les chartes de 1814 ou de 1830, avec des aristocraties bâtardes, avec des lois rédigées à la hâte, votées en une séance, farcies d'amendements contradictoires ; s'il croit, dis-je, pouvoir continuer ainsi l'œuvre immortelle du Code civil, et ancrer profondément en France le respect de la loi ?

« Qu'il consulte le rapport au roi de M. Villemain sur l'instruction publique, et il verra que l'Empereur, qui organisa l'instruction primaire et secondaire, et qui créa ensuite l'Université, avait, en 1812, plus de lycées et de colléges communaux, et plus d'élèves dans ces établissements, qu'il n'y en avait en France en 1840.

« Qu'il consulte les statistiques criminelles, et il verra que, depuis l'Empire, les délits suivent toujours une progression croissante.

« Qu'il consulte les intérêts de la classe ouvrière, et il se convaincra que les salaires, sous l'Empire, étaient doublés de ce qu'ils sont aujourd'hui, qu'on n'a ni développé ni amélioré l'institution des prud'hommes ; enfin, qu'on a détruit les dépôts de mendicité sans les remplacer par d'autres établissements.

« Qu'il jette les yeux sur les documents officiels recueillis par le capitaine de vaisseau Laignel, et il verra que l'Empereur, malgré les désastres d'Aboukir et de Trafalgar, malgré les guerres continentales, avait, en dix ans, reconstruit *cent trois vaisseaux de ligne*, tandis que, depuis 1814 jusqu'à 1842, la restauration et le gouvernement actuel n'en ont construit entièrement que *quatre !*

« Qu'il énumère tous les marais desséchés, tous les canaux, tous les ports creusés, toutes les routes ouvertes, tous les monuments élevés, toutes les industries créées en quatorze ans de guerre, et qu'il compare ces résultats avec ceux obtenus en vingt-huit ans de paix avec un budget plus élevé de six cents millions par an.

« Enfin même, ces prisons d'État si décriées dans l'opinion, étaient établies sur un système plus humain, plus légal et moins arbitraire que les prisons de la restauration, que les prisons de Doullens et du mont Saint-Michel du régime actuel. Sous la restauration, les prisonniers politiques étaient confondus avec les galériens ; aujourd'hui ils ne peuvent faire valoir leurs plaintes que devant des inspecteurs ou des préfets, hommes trop dépendants pour oser prendre la défense d'ennemis du gouvernement. Sous l'Empire, les prisons d'État étaient visitées par des conseillers d'État en missions extraordinaires, fonctionnaires publics les plus haut placés après les ministres, et qui, par leur caractère politique, pouvaient faire prévaloir sans crainte la justice et l'humanité.

« Qu'en philosophe, en homme consciencieux, comme je me plais à le juger, M. de Lamartine scrute avec impartialité les actes de Napoléon, et il lui rendra justice comme au premier organisateur de la démocratie française, comme au promoteur le plus fervent de la civilisation.

« Napoléon eut ses torts et ses passions ; mais ce qui le distinguera éternellement de tous les souverains aux yeux des masses, c'est qu'il fut le roi du peuple, tandis que les autres furent les rois des nobles et des privilégiés.

« Comme citoyen, comme homme dévoué aux libertés de mon pays, je fais une grande distinction entre le Consulat et l'Empire ; comme philosophe, je n'en fais aucune, parce que, consul ou empereur, la mission de Napoléon fut toujours la même. Consul, il établit en France les principaux bienfaits de la révolution ; empereur, il répandit dans toute l'Europe ces mêmes bienfaits. Sa mission, d'abord purement française, fut ensuite humanitaire.

« Il est pénible de voir un homme de génie comme M. de Lamartine méconnaître de si grandes vérités ; mais comment s'en étonner, lorsqu'on se souvient qu'il y a un an le député de Mâcon, dans un discours à ses commettants, se plut à nier l'action de Rome sur la civilisation du monde, et attribua à Carthage une influence qu'elle n'eut jamais ! Le poëte qui oublie que nous autres peuples de l'Occident nous devons tout à Rome, tout, jusqu'à notre langue, à laquelle lui-même prête un nouveau lustre, ce poëte, dis-je, peut aussi oublier la gloire civile, l'influence civilisatrice de l'Empereur, car les traces du génie de Rome, comme les traces du génie de Napoléon, sont gravées en caractères ineffaçables sur notre sol comme dans nos lois.

« Je ne puis comprendre qu'un homme qui accepte le magnifique rôle d'avocat des intérêts démocratiques reste insensible aux prodiges enfantés par la lutte de toutes les aristocraties européennes contre le représentant de la révolution, qu'il soit inflexible pour ses erreurs, sans pitié pour ses revers, lui dont la voix harmonieuse a toujours des accents pour plaindre les malheurs, pour excuser les fautes des Bourbons. (*Voyez* le dernier discours de M. de Lamartine au banquet de Mâcon). Eh quoi ! M. de Lamartine trouve des regrets et des larmes pour les violences du ministère Polignac, et son œil reste sec et sa parole amère au spectacle de nos aigles tombant à Waterloo, et de notre Empereur plébéien mourant à Sainte-Hélène !

« C'est au nom de la vérité historique, la plus belle chose qu'il y ait au monde après la religion, que M. de Lamartine vous a adressé sa lettre ; c'est également au nom de cette même vérité historique que je vous adresse la mienne. L'opinion publique, cette reine de l'univers, jugera qui de nous deux a saisi sous son véritable aspect l'époque du Consulat et de l'Empire.

« Je profite avec plaisir de cette occasion pour vous exprimer, Monsieur, la haute estime que je vous porte, et je vous prie de recevoir l'assurance de mes sentiments distingués.

« LOUIS-NAPOLÉON BONAPARTE. »

LETTRE

DE

LOUIS-NAPOLÉON BONAPARTE

AU JOURNAL *LE LOIRET*.

Le conseil général de la Corse ayant émis à l'unanimité, dans la session de 1843, le vœu que la famille de Napoléon fût rappelée de l'exil, et que Louis-Napoléon fût rendu à la liberté et à la jouissance de ses droits de citoyen français, le journal *le Loiret* s'occupa à cette occasion du prisonnier de Ham, et lui demanda à quel titre il rentrerait dans la grande famille française, si les portes de sa prison venaient à s'ouvrir et si le Gouvernement mettait fin à l'exil dont sa famille est frappée.

Louis-Napoléon adressa aussitôt à ce journal la réponse suivante qui fut alors publiée par plusieurs autres journaux.

Fort de Ham, le 28 octobre 1843.

A Monsieur le Rédacteur en chef du journal le Loiret.

« MONSIEUR,

« Je réponds sans hésitation à l'interpellation bienveillante que vous m'adressez dans votre numéro du 18.

« Jamais je n'ai cru et jamais je ne croirai que la France soit l'apanage d'un homme ou d'une famille ; jamais je n'ai invoqué d'autres droits que ceux de citoyen français, et JAMAIS JE N'AURAI D'AUTRE DÉSIR QUE DE VOIR LE PEUPLE ENTIER, LÉGALEMENT CONVOQUÉ, CHOISIR LIBREMENT LA FORME DE GOUVERNEMENT QUI LUI CONVIENDRA.

« Issu d'une famille qui a dû son élévation aux suffrages de la nation, je mentirais à mon origine, à ma nature, et, qui plus est, au sens commun, si je n'admettais pas la souveraineté du peuple comme base fondamentale de toute organisation politique. Mes actions et mes paroles antérieures sont d'accord avec cette opinion. Si on ne m'a pas compris, c'est qu'on n'explique pas les défaites : on les condamne.

« J'ai réclamé, il est vrai, une première place, mais sur la brèche. J'avais une grande ambition, mais elle était hautement avouable : l'ambition de réunir autour de mon nom plébéien tous les partisans de la souveraineté nationale, tous ceux qui voulaient la gloire et la liberté.

« Est-ce à l'opinion démocratique à m'en vouloir? Est-ce à la France à m'en punir?

« Quel que soit le sort que l'avenir me réserve, on ne dira jamais de moi que, pendant l'exil ou la captivité, *je n'ai rien appris ni rien oublié !*

« Recevez, Monsieur, l'assurance de mes sentiments d'estime et de sympathie.

LOUIS-NAPOLÉON BONAPARTE.

LETTRE

DE

LOUIS-NAPOLÉON BONAPARTE

AUX OUVRIERS.

Après la publication de la brochure de Louis-Napoléon sur LE PAUPÉRISME, un grand nombre d'ouvriers se réunirent et lui adressèrent, par l'intermédiaire de M. Castille, imprimeur, un des compagnons des courageux sergents de la Rochelle, une lettre touchante dans laquelle il remerciait le prisonnier de Ham de penser à eux dans son malheur.

La réponse de Louis-Napoléon ne se fit pas attendre.

Fort de Ham, le 14 octobre 1841.

« *A Monsieur Castille, imprimeur.* »

« Monsieur,

« J'ai été bien touché de la lettre que vous m'avez adressée au nom de plusieurs personnes de la classe ouvrière, et je suis heureux de penser que quelques-uns de mes concitoyens rendent justice au patriotisme de mes intentions. Un témoignage de sympathie de la part d'hommes du peuple me semble cent fois plus précieux que ces flatteries officielles que prodiguent aux puissants les soutiens de tous les régimes ; aussi m'efforcerai-je toujours de mériter les éloges et de travailler dans les intérêts de cette immense majorité du peuple français, qui n'a aujourd'hui ni droits politiques, ni bien-être assurés, quoiqu'elle soit la source reconnue de tous les droits et de toutes les richesses.

« Compagnon des malheureux sergents de la Rochelle, vous devez facilement comprendre quelles sont mes opinions et quels sont mes sentiments, puisque vous avez souffert pour la même cause que moi ; aussi est-ce avec plaisir que je vous prie d'être, auprès des signataires de la lettre que vous m'avez adressée, l'interprète de mes sentiments de reconnaissance.

« Recevez, Monsieur, l'assurance de mon estime et de ma sympathie.

Louis-Napoléon Bonaparte.

DES GOUVERNEMENTS

ET DE LEURS SOUTIENS.

Il y a quelques années, il existait aux États-Unis un homme, nommé Sampatck, qui faisait le métier suivant. Il construisait avec beaucoup d'art un échafaudage au-dessus de la chute du Niagara, et après avoir prélevé une forte contribution sur la foule immense accourue pour le voir de tous les environs, il montait majestueusement au haut de son tréteau, et, de là, se précipitait dans les flots bouillonnants au pied de la cataracte. Il recommença plusieurs fois cette expérience périlleuse, jusqu'à ce qu'enfin il fut englouti par un tourbillon. Eh bien, il y a des gouvernements dont l'apparition sur la scène du monde est en tout point semblable à celle du jongleur américain. Leur histoire se résume en ces mots : *échafaudage pénible*, *chute effroyable*.

Sur quelques pieux plantés en terre, ils élèvent une bâtisse informe, composée de pièces et de morceaux enlevés aux ruines du passé ; et lorsque leur tâche est terminée, leur construction bâtarde, sans utilité, comme sans fondements, n'a servi qu'à les précipiter de plus haut dans l'abîme.

C'est qu'en effet *échafauder* n'est point *bâtir*. Faire appel aux passions vulgaires de la foule n'est pas gouverner. On ne fonde solidement que sur le roc. Or, bâtir sur le roc aujourd'hui, c'est asseoir le gouvernement sur une organisation démocratique, « sur des établissements définis et gradués, suivant l'expression de M. de Cormenin, relevant les uns des autres, anneaux variés de la même chaîne, bases étagées du même sommet. »

L'ancien régime fut inébranlable tant que ses deux soutiens, le clergé et la noblesse, résumèrent en eux tous les éléments vitaux de la nation. Le clergé donnait au pouvoir toutes les consciences ; car alors conscience était synonyme d'opinion ; et la noblesse, ordre civil et militaire, lui donnait tous les bras. Mais, aujourd'hui que la noblesse n'existe plus, et que la foi politique est complétement indépendante de la foi religieuse, s'appuyer sur ces deux ordres serait bâtir sur le sable.

Dire que le gouvernement doit obéir à l'esprit des masses et favoriser les intérêts généraux, est une maxime vraie, mais trop vague. Quelle est l'opinion de la masse? Quels sont les intérêts généraux? Chacun, suivant son opinion, répondra différemment à ces questions.

Nous dirons donc qu'un gouvernement doit aujourd'hui puiser sa force morale dans *un principe*, et sa force physique dans *une organisation*. Alors le nouveau régime aura une base aussi solide que l'ancien, car l'adoption d'un principe reconnu par tous lui donnera l'opinion ; l'établissement d'une vaste organisation lui donnera tous les bras. Supposons, par exemple, qu'un gouvernement accepte franchement le principe de la souveraineté du peuple, c'est-à-dire de l'élection, il aura pour lui tous les esprits ; car quel est l'individu, la caste, le parti qui oserait attaquer le droit, produit légal de la volonté de tout un peuple? Supposons encore qu'il organise la nation en donnant à chacun des droits et des devoirs fixes, c'est-à-dire une place dans la communauté, un degré sur l'échelle sociale, il aura enrégimenté tout le peuple et assuré cet ordre véritable qui a pour base l'égalité des droits et pour règle la hiérarchie du mérite.

« Mettez un poltron, a dit Voltaire, dans le régiment des mousquetaires gris, et, à l'instant, vous en faites un brave. » Il en est de même en politique. Donnez au prolétaire le plus anarchique des droits, une place légale dans la société, vous en faites à l'instant un homme d'ordre, dévoué à la chose publique, car vous lui donnez des intérêts à défendre.

Les hommes sont ce que les institutions les font ; et, d'un autre côté, les institutions doivent être en rapport avec ce que la civilisation exige que les hommes soient.

La révolution de 89 a détruit tout l'ancien système féodal. Organisation sociale, politique, administrative, industrielle, commerciale, tout a été renversé ; mais on n'a rien mis de stable à la place. Voilà pourquoi, malgré tant de changements, l'ancien régime reparaît toujours dès le lendemain de la victoire du peuple. *On ne détruit,* a dit l'Empereur, *que ce que l'on remplace.* Là où la féodalité a été *remplacée,* elle est à jamais vaincue. Là où il y a *lacune,* elle reparaît toujours.

En France, il n'y a qu'un seul ordre où l'aristocratie ne renaîtra jamais, c'est l'armée ; et cela, parce qu'on a avantageusement *remplacé* l'ancienne *organisation nobiliaire* par une nouvelle *organisation démocratique,* qui, sauf les imperfections inhérentes à tout système humain, a l'égalité pour base et le mérite pour raison.

Le premier consul disait un jour au conseil d'Etat : « Je vois bien un pouvoir législatif et administratif ; mais le reste de la nation, qu'est-ce ? des grains de sable... Il faut jeter dans le sol des blocs de granit sur lesquels nous élèverons un nouveau système. »

Le temps lui a manqué pour achever son œuvre ; mais toujours est-il que son génie transcendant reconnaissait qu'un peuple comme le nôtre, sorti tout entier d'une révolution, ne pouvait défendre et conserver ses nouveaux droits, ses nouveaux intérêts, ses nouvelles idées même, qu'au moyen d'une organisation précise et régulière. Il prévoyait que si l'ancien régime avait péri par l'excès des *corporations,* le nouveau pouvait périr à son tour par l'excès de l'*individualisme,* c'est-à-dire l'isolement de l'individu.

Il y a donc urgence aujourd'hui à constituer d'une manière inébranlable le nouveau système; et, comme chaque pays a son caractère particulier, son allure distincte, il faut que toutes les lois aussi portent gravées sur leur front le cachet national. Les institutions en France doivent être marquées au coin démocratique, de même qu'en Angleterrre toutes les institutions, grandes ou petites, sont marquées au coin aristocratique. Il faut que l'étranger, en touchant le sol de notre patrie, ne puisse pas se méprendre sur la nature du peuple chez lequel il se trouve. Il faut qu'il reconnaisse qu'il est dans le pays le plus civilisé de l'Europe, en voyant 35 millions d'hommes que la loi enrôle, que l'égalité ennoblit, que le mérite seul distingue, marcher d'un même pas vers la liberté ; en voyant un gouvernement, fort de l'assentiment des masses, s'élancer hardiment vers l'avenir, et, loin de s'acharner à déblayer une mine épuisée par le temps, mettre tous ses soins à exploiter les couches les plus fécondes de la nature morale et physique, les nobles instincts d'un grand peuple, et les immenses ressources d'un grand empire.

Au contraire, aujourd'hui, l'étranger en foulant le sol français peut encore se croire chez lui ; s'il considère les institutions qui ont rapport à la liberté individuelle et au droit d'association, il peut se croire en Autriche ou en Russie ; s'il considère la constitution politique, il peut se croire en Angleterre, car il entendra les deux chambres employer le jargon aristocratique du parlement britannique. Il verra les ministres, imitant les présomptions de la noblesse, dédaigner les spécialités, et se croyant aptes à tout : passer de l'intérieur au commerce, du commerce à la guerre, de la guerre aux relations extérieures. Il les verra confier aux bureaux les intérêts les plus importants du pays, et se croire déchargés de toute responsabilité, lorsqu'ils auront fait aux chambres un bon ou un mauvais discours, sans songer qu'en Angleterre, pays municipal, les affaires ne souffrent pas comme en France, pays centralisé, du manque de connaissances spéciales d'un ministre ou de son incurie pour les affaires. Enfin, l'étranger voit en France toutes les copies bâtardes des constitutions étrangères, toutes, excepté celles qui tendraient à naturaliser chez nous les grandes et belles garanties de la liberté. Ne devons-nous pas, en effet, rougir, nous peuple libre, ou qui du moins nous croyons tel, puisque nous avons fait plusieurs révolutions pour le devenir; ne devons-nous pas rougir, disons-nous, en songeant que même l'Irlande, la malheureuse Irlande, jouit, sous certains rapports, d'une plus grande liberté que la France de Juillet. Ici, par exemple, vingt personnes ne peuvent se réunir sans l'autorisation de la police; tandis que dans la patrie d'O'Connell, des milliers d'hommes se rassemblent, discutent leurs intérêts, menacent les fondements de l'empire britannique, sans qu'un ministre ose violer la loi qui protége, en Angleterre, le droit d'association.

Répétons-le donc en terminant, la France n'est point organisée selon ses mœurs, ses intérêts, ses besoins; ni le pouvoir ni la liberté ne sont solidement constitués; hors le petit nombre d'hommes qui composent ce qu'on appelle le pays légal, nous ne voyons que grains de sable, suivant l'expression du premier consul, *grains de sable qui, réunis, formeraient un roc inébranlable, et qui, dispersés, ne sont que poussière !*

LOUIS-NAPOLÉON BONAPARTE.

(Extrait du *Progrès du Pas-de-Calais*, rédigé par M. Frédéric Degeorge, représentant du peuple, 4 octobre 1843.)

LIBRAIRIE NAPOLÉONIENNE,

rue Neuve-des-Petits-Champs, 36.

ŒUVRES COMPLÈTES DE LOUIS-NAPOLÉON BONAPARTE.

Prix : 4 fr.

LOUIS-NAPOLÉON,

Sa vie politique et ses ouvrages. — Prix : 75 c.

EXTINCTION DU PAUPÉRISME,

Quatrième édition. — Prix : 40 c.

RÉPONSE DE LOUIS-NAPOLÉON BONAPARTE A M. DE LAMARTINE.

Quatrième édition. — Prix : 25 c.

PROCÈS DU DOCTEUR CONNEAU.

Prix : 25 c.

DISCOURS DE LOUIS-NAPOLÉON A L'ASSEMBLÉE NATIONALE.

Prix : 5 c.

CHEZ MARTINON, LIBRAIRE-ÉDITEUR,

rue du Coq-Saint-Honoré, 4,

et chez tous les libraires de Paris et des départements.

LA VÉRITÉ SUR LOUIS-NAPOLÉON BONAPARTE;

PAR UN RÉPUBLICAIN DE LA VEILLE.

AVEC CETTE ÉPIGRAPHE :

L'esprit de justice doit passer
avant l'esprit de parti.

Prix : 25 centimes.

Paris. — Imp. de Lacrampe et Comp., rue Damiette, 2.

www.ingramcontent.com/pod-product-compliance
Lightning Source LLC
LaVergne TN
LVHW010325230826
846091LV00009B/3763

9782011762337